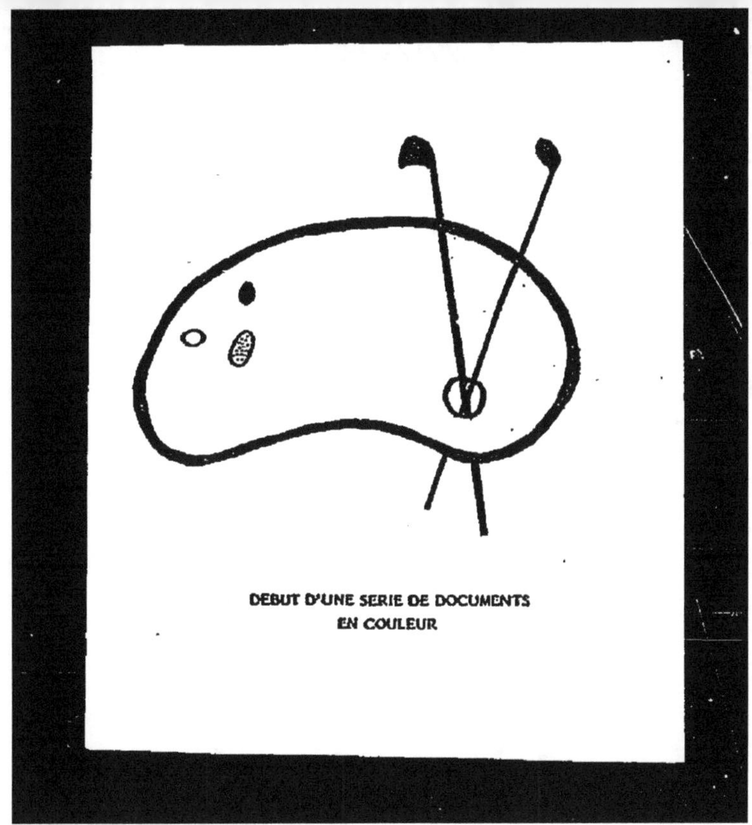
DEBUT D'UNE SERIE DE DOCUMENTS
EN COULEUR

AF474985

Tome XIII, 1901.

Revue

des

Pyrénées

Le Carême de Bourdaloue à Montpellier en 1686

Par E. GRISELLE.

Toulouse

Revue des Pyrénées

FRANCE MÉRIDIONALE — ESPAGNE SEPTENTRIONALE

FONDÉE PAR MM. JULIEN SACAZE ET LE Dr F. GARRIGOU

DIRECTEUR : LE BARON **DESAZARS DE MONTGAILHARD.**

Paraissant tous les deux mois par livraisons de 100 pages environ.

Abonnement annuel : 10 francs.

TOME XIII

1901 — 5e LIVRAISON

SOMMAIRE

TOULOUSE

BUREAUX DE LA *REVUE DES PYRÉNÉES*

45, RUE DES TOURNEURS, 45

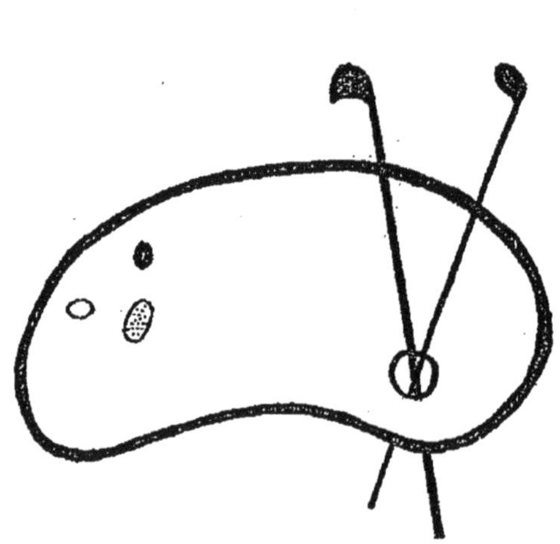

FIN D'UNE SERIE DE DOCUMENTS
EN COULEUR

LE

CARÊME DE BOURDALOUE

A MONTPELLIER

EN 1686

PAR EUGÈNE GRISELLE, S. J.

Docteur ès Lettres,
Maître de Conférences à l'Université catholique de Lille.

(*Extrait de la* REVUE DES PYRÉNÉES, *tome XIII*, 1901.)

TOULOUSE
IMPRIMERIE ET LIBRAIRIE ÉDOUARD PRIVAT
45, RUE DES TOURNEURS, 45
—
1901

LE CARÊME DE BOURDALOUE

A MONTPELLIER EN 1686[1]

La mission de Montpellier en 1686 mériterait une étude spéciale, & nous voulons espérer qu'en vue du prochain second centenaire de la mort de Bourdaloue un historien au courant des choses de la ville & à portée des anciens documents d'archives privées & publiques voudra bien entreprendre cette monographie[2].

Qu'on ne cherche donc ici qu'une lointaine contribution à un essai ayant pour titre *Bourdaloue à Montpellier.* Malgré le chapitre consacré à ce sujet par le P. Lauras, cette histoire n'est pas faite. M. le chanoine Pauthe qui, pour la mission de Montpellier, renvoie à l'endroit où il traite de l'apostolat de Bourdaloue auprès des dissidents, nous y donne une étude plus littéraire qu'historique. Il s'est borné, à l'aide de fragments de sermons habilement groupés, à nous montrer « l'esprit évangélique qui inspira son ministère auprès des protestants ». Mais il n'a point essayé de tirer parti des documents déjà connus de Lauras, & la preuve, c'est qu'il répète une erreur de Feugère, facile à réfuter par le texte même de Bourdaloue : « Le missionnaire, durant les stations de l'*avent de* 1685 *& du carême de* 1686, consacra toutes les ressources

1. Chapitre extrait d'une *Histoire critique de la prédication de Bourdaloue* qui doit paraître prochainement. Paris, Lecène, 1901, in-8° de 1054 pages.

2. Nous espérons surtout cette étude du livre de M. F. Castets, dont le second volume est impatiemment attendu.

de son talent... à l'évangélisation des réformés[1]. » Il parle aussi du sermon des Cendres prononcé par Bourdaloue « à Montpellier durant la *seconde partie* de sa mission auprès des réformés[2] ».

Or le P. Lauras avait cité cet extrait des *Mémoriaux consulaires de la ville de Montpellier*, qui nous marque la première arrivée du prédicateur :

Le 17 février, dimanche de la Sexagésime, arriva en cette ville le R. P. Bourdaloue, de la Compagnie de Jésus, prédicateur du roy envoyé par Sa Majesté pour prêcher le Carême en cette ville pour l'édification & l'instruction des nouveaux convertis à la religion catholique, apostolique & romaine, lequel MM. les consuls furent visiter en chaperon au collège des PP. Jésuites, quoiqu'ils ne fussent dans aucune obligation, ce que pourtant ils voulurent bien faire sur la grande réputation & mérite extraordinaire & réputation du R. P. Bourdaloue & à la considération de Mme la marquise de Castries, qui avait écrit de lui rendre tous les honneurs dus à sa vertu & à son mérite[3].

D'après l'indication malheureusement incertaine fournie à Rochebilière par le R. P. Le Lasseur, & qui paraît provenir de « Nouvelles ecclésiastiques », c'est-à-dire de gazettes écrites à la main & toujours sujettes à caution, ce serait seulement le 18 février, c'est-à dire le lendemain de son arrivée, qu'un correspondant anonyme, de Paris peut être, écrivait cette nouvelle déjà vieille :

Bourdaloue va à Montpellier dans une chaise roulante que M. Louvois lui fait faire de la part du roi avec laquais & postillon & un homme à cheval pour marquer le logis[4].

On s'était du reste occupé, dans les délibérations du chapitre de la cathédrale, de sa prochaine arrivée, dès le samedi 9, veille de la Septuagésime.

A cause qu'il y a un habile prédicateur ce carême, les Intendants &

1. Pauthe, pp. 172 & 295.
2. *Ibid.*, p. 296.
3. *Mémoriaux...*, t. XII, in-f°, ann. 1685 à 1701, folio 17, cité par Lauras, t. II, p. 340.
4. Bibliothèque nationale, mss. fonds français, n° 23498 (?). Donné par le P. Le Lasseur (Rochebilière).

Recteurs de la Charité & Hôpital général demandent permission de faire faire un amphithéâtre à la Cathédrale... Pour se dédommager des frais, ils demandent qu'on leur permette de louer des chaises dans la nef, moyennant six deniers. Mais le chapitre décide qu'il fera faire « à ses dépens le dit amphithéâtre pour servir aux nouveaux convertis, sans rien payer ». On permet aux « Lieutenant & Major de la Citadelle de faire mettre un banc dans la nef, pour entendre le Prédicateur, *comme l'an passé*, & de l'agrandir de quelques places, pour, après le carême, le remettre en son premier état... Mme la marquise de Villeneuve est autorisée à mettre un banc, mais exclusivement à son usage personnel, « *autrement*, on l'ôtera, pour le remettre quand elle viendra[1] ».

Le détail « comme l'an passé » est à noter. Il ne faut pas croire que Bourdaloue arrivât sur un terrain non défriché encore. Avant de relater les témoignages qui constatent son succès, il est bon de se rappeler que l'année 1685, ainsi que la précédente, avait été marquée par un mouvement très prononcé de conversions. Sans qu'on pût dire qu'il n'y avait plus rien à faire, du moins doit-on reconnaître qu'il est plus difficile de faire une récolte abondante là où des moissonneurs viennent de passer, & c'était le cas à Montpellier.

En 1685, un Père de la Merci, le P. Laplace, avait donné le carême, & son succès était méritoire après une grande mission en 1684; mais c'est surtout à la fin de l'année 1685 que se déployèrent les efforts du pouvoir, dépensés pour préparer & légitimer, aux yeux de la cour de Rome avec laquelle on était plus qu'en froid, la mesure de la révocation.

Bien qu'aucun des gouverneurs militaires ou intendants de la région, les Noailles, La Trousse, &c., n'ait manqué de préparer avec grand zèle le mouvement visé par le roi depuis si longtemps, on peut penser que la nomination de Bâville, remplaçant d'Aguesseau le 8 septembre 1685, fut pour beaucoup dans le renouveau des conversions signalées par le registre des délibérations des pénitents du Saint-Esprit au 20 octobre 1685 :

Nos freres errants, après avoir réfléchi sur ce qui étoit de leur

1. Communication du P. L.-M.-J. Cros, S. J. (copié en 1875); lettre du 14 novembre 1898.

devoir & de leur salut, se sont réunis tout d'un coup dans le sein de l'Eglise notre bonne mère, dont leurs auteurs s'étoient séparés par le caprice & par l'erreur; mais cette réunion a été faite avec tant d'ardeur & d'empressement, que dans moins de 4 ou 5 jours, particulièrement en celui de la fête saint Michel, 29 septembre dernier, notre grand prélat, Messire Charles de Pradel, poussé du même zèle infatigable, en cette sainte & admirable réunion, comme il l'est en toutes les autres fonctions épiscopales, reçut & fit recevoir par de très dignes ecclésiastiques l'abjuration de sept mille six à sept cents religionnaires qui restoient d'une plus grande quantité de personnes de cette hérésie dans Montpellier, outre le grand nombre de ceux du diocèse ou mondit Seigneur s'est donné la peine de se transporter pour recevoir aussi leur abjuration. « L'évêque a ordonné des prières d'actions de grâces », ce qui a esté fait avec beaucoup de dévotion...

... Et parce que c'est aujourd'hui que nous célébrons la fête de la délivrance de cette ville qui étoit autrefois en la main des religionnaires... nous avons été à la procession aujourd'hui, à laquelle Mgr a voulu que nous ayons assisté, quoique nous ne fussions pas en possession de cet avantage. Il est vrai que *c'est à présent l'entière extirpation de cette hérésie*, & que *comme tout est consommé à cet égard*, il étoit juste que notre Compagnie, qui n'est pas moins intéressée que les autres Ordres à remercier Dieu de cette réunion salutaire, eût aussi l'honneur d'assister à cette action[1]...

Le secrétaire des confrères pénitents du Saint-Esprit, on le voit, rapproche complaisamment de l'anniversaire du jour où la ville revint au pouvoir des catholiques, 20 octobre, ce qu'il regarde comme l'ouvrage « consommé » de la réunion. Ce mouvement des conversions en masse, précédant de si peu la révocation, signée le 17 octobre, enregistrée le 22, & publiée dans la *Gazette de France* du 27, pouvait faire illusion aux esprits qui ne voyaient que les dehors.

Dès le commencement de l'année 1684, la mission donnée par le P. Honoré de Cannes avait dû marquer profondément[2].

1. Communication du P. L.-M.-J. Cros.

2. Témoin la relation dont parle, avec un enthousiasme qui par malheur n'exclut pas le vague des renseignements, le *Mercure galant* de mars 1684. Pâques étant cette année-là le 2 avril, Visé fait de cette nouvelle son *actualité :* « Je reçois, dit-il, une grande relation des fruits

Par les habitudes bien connues du P. Honoré de Cannes, on peut croire qu'avec les vingt missionnaires de son ordre qui l'accompagnaient, il fit à Montpellier à peu près les fruits dont parlait le *Mercure* de 1685, à propos des missions données à Saint-Sulpice & de Saint-Etienne-du-Mont[1].

Les fruits de ses prédications de 1684 à Montpellier, autant qu'on en peut juger par le communiqué du *Mercure*, ajoutèrent sans doute à l'ébranlement constaté dans la région par les lettres de toute nature affirmant le nombre des conversions déjà faites avant l'arrivée de Bourdaloue.

On voudrait pour l'honneur des conseillers du roi, quels qu'ils aient été, démentir les chiffres fantastiques des conversions, mis sans doute sous ses yeux chaque jour, en preuve de l'extinction de l'hérésie dans son royaume. On souhaiterait au moins que ces conversions en masse, dues surtout & aux derniers édits, précurseurs de la révocation, &, chose plus déplorable, à l'usage fait par Foucault & plusieurs de ses imitateurs, des troupes massées sur la frontière d'Espagne, aient été le pur résultat de missions comme celle du P. Honoré[2].

qui ont esté faits à Montpellier, par le Père Honoré de Cannes & les Capucins Missionnaires de la Province de Languedoc; cet article qui est aujourd'huy de saison, ne laisseroit pas que de vous donner de la joye en toute sorte de temps. On n'a jamais entendu parler ny de tant de zele de la part de ceux qui ont fait la Mission, ny d'une Penitence si edifiante & si exemplaire du costé des Habitants de Montpellier. Il est impossible de se représenter tous les changemens qui sont arrivez en cette Ville dont le Peuple pourroit estre présentement appelé le Peuple Saint. » (*Mercure*, mars, pp. 343-344.) La « grande relation reçue » était apparemment plus explicite.

1. La méthode & les procédés du missionnaire capucin ont été sévèrement jugés par un historien de la prédication. La mise en scène & les effets audacieux d'éloquence dont il usait & abusait frappaient l'imagination, &, appuyés sur un zèle indéniable & une foi des plus communicatives, ses efforts amenaient de merveilleux résultats. Bossuet l'appela dans le diocèse de Meaux où il donna dans la ville épiscopale une mission en 1692, du 27 avril au 4 juin, avec quinze autres capucins.

2. Il est difficile de croire à la pleine sincérité du roi, & peut-être trop commode de rejeter sur Louvois seul la responsabilité de ces dragonnades à jamais déplorables. Un mot de Sourches, bien placé pour

Mais il faut dire, pour être d'accord avec l'histoire, que les « retours à l'unité », comme on les nommait, avaient pour la plupart une tout autre origine. Le procédé ne saurait être plus nettement décrit que par les dépêches des intendants ou les nouvelles froidement enregistrées par les annalistes de la cour. L'exposer est le flétrir; mais la faute n'en est pas à l'historien, & il est trop juste de montrer en quelles conditions impossibles étaient placés les missionnaires que Mme de Sévigné (qu'elle ait ou non « imperceptiblement... ri, au moins des yeux » en l'écrivant[1]) nous représente comme chargés de parfaire l'œuvre des dragons & d'aller apprendre aux foules pourquoi elles avaient eu raison de se convertir[2].

On sut alors, écrit Sourches au 20 septembre 1685, que le marquis de La Trousse étoit allé commander les troupes en Dauphiné, & sous lui le comte de Tessé, mestre de camp général des dragons, & que M. le duc de Noailles étoit allé faire la même chose en Languedoc, où M. de Saint-Ruth étoit passé pour commander sous lui. Les conversions des huguenots continuoient dans tous ces pays-là, & l'on n'enten-

observer & en même temps esprit modéré, sans parti pris, en dit long sur les mesures de contrainte & la faveur qu'elles pouvaient rencontrer auprès du roi. Il écrit au 12 juin 1685 : « En ce temps là le parlement de Rouen fit abattre tous les Temples des huguenots qui restoient en Normandie, à cause qu'ils avoient contrevenu à quelques articles des dernières déclarations du Roi*; & ils poussèrent même leur sévérité au delà de celle des déclarations. Tous les plus célèbres ministres de cette province quittèrent la France & s'en allèrent en Hollande ou en Angleterre. »

* La note est de Sourches, & elle me semble significative : « On leur faisoit souvent des querelles d'Allemand, & le Roi n'étoit pas fâché de voir les parlements pousser leur sévérité plus loin que lui. »

1. C'est l'avis de M. L. Crouslé (*Fénelon & Bossuet*, t. I, p. 93, note 7), qui est peut-être moins entré qu'il ne le suppose dans la psychologie de la marquise, s'exposant à lui prêter des sentiments en avance d'un siècle pour le moins, sinon les idées du nôtre. En ce cas, elle serait bien à blâmer de n'avoir employé, dans l'intimité du moins, que cette ironie imperceptible, & d'avoir si légèrement parlé de ces tristes expédients de la politique religieuse de Louis XIV. J'aime mieux croire, à sa décharge, qu'elle n'en voyait guère plus que ses contemporains.

2 Sévigné, t. VII, p. 469.

doit parler que de dix ou de vingt mille convertis en six semaines de temps[1].

Rulhière a cité les lettres de Louvois à Le Tellier, dans lesquelles les « retours » se chiffrent aussi par milliers : « Il s'est fait 60,000 conversions dans la généralité de Bordeaux, 20,000 dans celle de Montauban. » Le vieux Le Tellier pouvait pleurer de joie aux lettres de son fils, mais celui-ci devait être moins dupe quand Noailles, lui rendant compte de sa mission bottée, lui écrivait :

Les conversions qui ont suivi depuis le 15 octobre ont été si générales & avec une si grande vitesse, qu'on n'en sçauroit assez remercier Dieu, ni songer trop sérieusement aux moyens d'achever entièrement cet ouvrage, en donnant à ces peuples toutes les instructions dont ils ont besoin, & qu'ils demandent (?) avec instance[2].

Le nombre des Religionnaires de cette province est d'environ deux cents quarante mille hommes, & quand je vous ai demandé jusqu'au 25 du mois prochain pour leur entière conversion, j'ai pris un terme trop long, car je crois qu'à la fin du mois cela sera expédié[3].

Il était grand temps, en effet, de faire venir les prédicateurs. Si Bourdaloue en avait cru les relations officielles, il eût pu se dire envoyé en pays catholique. Dès le 6 octobre, le marquis de Sourches avait enregistré ce fait-divers :

On reçut en même temps nouvelle que *tous* les huguenots de Montpellier, de Lunel & de plusieurs autres villes de Languedoc s'étoient convertis au nombre de vingt mille; & l'en espéroit que dans peu de temps l'hérésie de Calvin seroit entièrement bannie de cette province où elle avoit régné si longtemps, & qu'une année ou deux pourroient la bannir entièrement du royaume[4].

Louvois devait se promettre d'aller plus vite encore; dans sa réponse du 15 octobre à Noailles, il lui mande :

J'ai lu à Sa Majesté vos lettres des sept & huit de ce mois. Elle y a vu avec beaucoup de joye la continuation des progrez des conversions,

1. Sourches, t. I, p. 307.
2. C'est plus que douteux; mais tous répètent cette gamme. Cf. p. 9, n. 1.
3. Rulhière, p. 304.
4. Sourches, t. I, p. 311.

& l'assurance que vous lui donnez que dans les quinze premiers jours du mois prochain la R. P. R. sera entièrement abolie en Languedoc[1].

On voit, dans l'*Exhortation* de Bourdaloue *en faveur des nouveaux convertis*, qu'il ne se faisait pas d'illusion sur la spontanéité de ces prétendus retours à l'unité, & par suite sur la valeur de ces changements où le cœur n'était pour rien. Attendait-il beaucoup de la mission de Montpellier, faite dans des conditions aussi déplorables? Impossible de le savoir; mais nous constatons par les lettres les plus triomphantes d'alors, qu'il était aisé de deviner que tout restait à faire, ou mieux, que la besogne avait été plus que gâtée par cette manière d'entendre la conversion & la conviction[2].

L'historien de Mme de Maintenon a cité une lettre du P. de la Chaize au P. Fabri, alors à Rome, en date du 25 novembre 1685, dans laquelle on lit : « Seize ministres firent la semaine passée tous ensemble abjuration d'hérésie à Montpellier[3]. » Mais il a eu raison d'y joindre aussi un autre extrait du cardinal de Bonzy, écrivant, de Montpellier même, à Louvois, le 16 octobre précédent :

1. Rulhière, p. 320.

2. Qu'en pensait-on à Rome? Je n'ai point à me le demander ici. J'ai essayé de le déterminer, dans mon étude *De munere pastorali Bossuet* (p. 156). Je dois ajouter aux témoignages produits par Ch. Gérin dans son article *Innocent XI & la révocation de l'édit de Nantes* que le premier bref pontifical envoyé à Louis XIV après cette mesure, & pour l'en féliciter, est ainsi annoncé par le marquis de Sourches : « 13 décembre. On montroit alors un bref que le Pape avoit écrit au Roi, par lequel il lui donnoit de grandes louanges de ce qu'il avoit revoqué les édits que les rois ses prédécesseurs avoient donnés en faveur des Huguenots; mais on remarquoit qu'il ne lui donnoit que le titre de roi de France & non pas celui de Navarre, ce qui ne pouvoit être agréable au roi. » — Le dépit royal dont j'ai cité (*De munere pastorali Bossuet*, *ibid.*) diverses preuves authentiques dissimulait-il sous le mécontentement de ce vice de forme une déception plus profonde, celle non seulement de n'être pas célébré comme un nouveau Constantin, mais surtout de ne point voir le Pape céder à des prétentions longtemps poursuivies en vain? Pour tant de ces « changements de religion » que le roi & ses ministres appelaient des conversions, on eût voulu un autre salaire. *Inde irae.*

3. V. de Noailles, *Histoire de Mme de Maintenon*, t. II, 1848, p. 483.

Vous ne doutez pas, Monseigneur, que le plus grand nombre des conversions ne sont pas sincères... La plupart ne songent qu'à sortir du royaume dans quelque temps sous l'ombre d'une conversion simulée.

C'est bien aussi ce qu'est obligé d'avouer Bâville dans ses dépêches au contrôleur général Le Peletier :

Je crois pouvoir vous mander présentement la conversion de tout le Languedoc; du moins, les Cévennes sont entièrement converties... Voilà un grand ouvrage; mais en vérité, il ne faut pas encore le croire entièrement consommé. Il demande bien des soins. Il est question de gagner les cœurs & de faire comprendre à ce grand nombre de convertis qu'ils ont bien fait de prendre ce parti, qu'ils n'ont pris que par une obéissance aveugle aux ordres du Roy. Ils m'ont paru fort disposés à recevoir l'instruction & la souhaiter ardemment[1]...

On peut mettre en doute ce souhait ardent, — *ignoti nulla cupido,* — & c'était une singulière méthode que se proposer, après des voies de contrainte, de « gagner les cœurs ». Bâville qui comptait pour cette difficile besogne, dans une œuvre ainsi entreprise à rebours, sur l'éloquence de Bourdaloue, lui faisait vraiment la part trop ingrate. Ces manières de voir, si communes alors, étaient bien de ce christianisme extérieur & administratif que Fénelon, dans une lettre célèbre & dure, mais point injuste, reprochera à Louis XIV[2].

Un document jadis communiqué à Rochebilière est à citer à ce propos. Il a besoin cependant d'être jugé, car il manque d'équité & fausse l'histoire. Les préventions dont il procède accentuent à tel point des divergences imaginaires, qu'il présente les faits sous un jour inexact en prêtant à Bourdaloue une méthode de controverse contentieuse qui n'a jamais été son fait. Avouons toutefois que la prédominance trop marquée des raisonnements & une surabondance de preuves quelque peu accablante, déjà reprochée à notre orateur, ont pu nuire à un succès que les circonstances de toutes sortes rendaient certainement précaire.

1. 15 & 19 octobre, *Correspondance des contrôleurs généraux*, I, p. 55, n° 207.
2. V. *Revue des sciences ecclésiastiques*, mai 1901, p. 444.

Bien que sans date, cette pièce aura du moins l'utilité de nous montrer Bourdaloue à l'œuvre dans quelque conférence d'apparat, instituée durant ce carême. Rien d'étonnant, du reste, sur un terrain *préparé par les dragons*, que plus d'une fois Bourdaloue, « après avoir longtemps & bien parlé », n'ait gagné personne.

An 1685-86.

.... Etant aussi authorisez qu'ils estoient (les PP. de l'Oratoire) non seulement aupres de M. de Baville, mais encore aupres des commandants du pays, le marquis de la Trousse, le comte de Tessé (depuis maréchal), le duc de Noailles, qui avaient tous pour la personne du P. de Chevigny[1] (leur ancien camarade d'armes) une veneration singuliere fort augmentée par la grande benediction qu'ils n'ignoroient pas que Dieu avoit répandue sur les travaux.

C'est à cause de cette grande reputation que M. l'intendant voulut l'engager dans une mission qu'il faisoit faire par les jésuites à la ville de Montpellier pendant le careme, pour laquelle ils avoient fait venir de Paris leur fameux P. Bourdaloue, il (le P. de Chesvigny) s'y transporta, mais ce ne fut que pour faire trouver bon à M. de Baville qu'il retournat à son premier gite pour soutenir l'ouvrage que Dieu par sa grace avoit mis en si bon train, plutôt que d'en commencer un autre avec de tels compagnons...

L'experience lui avoit appris qu'il suffisoit de désabuser les esprits des preventions qu'on leur avoit inspirées contre l'Eglise & d'établir solidement & nettement la vérité de ses dogmes & la pureté de son culte, mais qu'on avançoit peu, par la voye de la dispute, les esprits ne faisant alors que s'aigrir & se roidir d'autant plus qu'on faisoit plus d'efforts pour les convaincre, il en avoit vu de ses yeux la preuve recente dans Montpellier, dans une fameuse conference où le P. Bourdaloue, devant le Card. de Bonzy, & plusieurs autres grands seigneurs, avoit longtemps & fort bien parlé (sans gagner personne), au lieu que luy P. de Chevigny, à la faveur de quelques discours tendres qu'il avoit tenus à des artisans de Montpellier, chez qui le P. Gardey l'avoit conduit, en accompagnant ses exhortations de quelques aumosnes qu'il avoit fait couler doucement, il avoit eu la consolation de les ramener à la foy[2]...

1. Nicolas Guyet de Chevigny.
2. Mission du diocèse de Nismes. T. II d'un ms. in-4° sur l'Oratoire, appartenant à la bibliothèque de l'Oratoire de l'Immaculée-

La conférence à laquelle fait allusion le document oratorien sur le P. Chevigny[1] est sans doute une des controverses prêchées par Bourdaloue dans l'église des jésuites de Montpellier, car les mémoires du temps nous apprennent que « quatre fois la semaine (à dix heures & demie du matin) il faisait le sermon du carême à la cathédrale, & les autres jours prêchait l'après-midi la controverse & répondait aux questions qui lui étaient proposées[2] », menant de front ainsi le carême de la cathédrale & une active participation à la mission prêchée dans le même temps par les jésuites.

27 février, jour des Cendres. — Ce fut le début de la station de carême, & c'est la première date de prédication constatée, bien que, du jour de son arrivée (27 février) à ce premier sermon, Bourdaloue ait pu se faire entendre. Toutefois, d'après le texte conservé de l'apostrophe aux nouveaux réunis, imprimée dans le second sermon pour le jour des Cendres, celui sans doute qui fut donné à cette date, il s'agit d'un véritable salut de bienvenue & d'une entrée en matière adressée aux habitants de la ville.

> C'est ce que j'entreprends de vous faire voir (l'institution salutaire de la pénitence figurée par les cendres), & par où je commence à m'acquitter auprès de vous du ministere dont Dieu m'a chargé & que j'ay à remplir pendant tout ce saint temps de Caresme. Vous, mes Freres, qui par la miséricorde du Seigneur avez enfin renoncé au schisme pour vous réünir à l'Eglise. Vous pour qui je suis particulièrement envoyé; que je regarde icy comme le premier objet de mon zele...

Ces paroles de l'orateur, datant un des discours de Bourdaloue, n'ont pas été assez remarquées, bien que citées souvent. Avec la note marginale de Bretonneau[2], elles eussent empêché

Conception, située rue du Regard. Le P. Trochon me l'a prêté & j'y ai copié ce qui précède sous le n° 235; il n'est pas paginé. (Rochebilière.)

1. Lauras, t. II, p. 342.

2. *Sur la cérémonie des Cendres*, t. II, p. 52, en face des mots : « Vous, mes Frères, » l'éditeur ajoute cette manchette : « Le père Bourdaloue fut envoyé par le Roy à Montpellier en faveur des nouveaux convertis pour y prescher le Caresme. »

Feugère de parler d'un avent à Montpellier en 1685[1], & ceux qui l'ont en cela suivi à tort de regarder le sermon des cendres comme le début « de la seconde partie de sa mission[2] » chez les protestants du Midi.

Cette conciliante entrée en matière, le seul passage daté sûrement de Montpellier, pourrait jusqu'à un certain point nous indiquer le ton de sa prédication. La plupart des historiens ou critiques ont implicitement supposé que tout ce qui est demeuré dans l'œuvre imprimée de Bourdaloue, relatif à la controverse protestante, a été « dit à Montpellier ». C'est abuser de l'induction, mais non sans raisons spécieuses. Si nous avions le droit de juger sur ce trait de toute la prédication de Bourdaloue, on pourrait dire, avec J.-J. Weiss :

> Il est remarquable que, parlant des protestants, il dit simplement « les protestants » & affecte de ne point employer le terme dédaigneux d'Eglise prétendue reformée « consacré par la loi & les traités ». Deux ou trois fois même, il lui est arrivé dans la chaire des jésuites d'opposer hardiment aux vices du siècle le tableau de la forte discipline domestique, des mœurs austères & de la charité active des réformés de France[3].

La remarque de détail sur l'expression « église prétendue réformée », peu exacte du reste, ne prouverait pas assez peut-être; car cette manière de dire, pour avoir été celle des édits & des conversations courantes, a pu être évitée dans les ser-

1. Feugère, pp. 15 & 36.
2. Pauthe, p. 296.
3. Bourdaloue, *La morale & la politique chrétienne*, conférence du 24 avril 1866, *Revue des cours littéraires*, 15 septembre, pp. 680-694. Il faut regretter qu'avant de louer Bourdaloue de cette mission « conciliante » (« dont nous ne savons rien », dit l'auteur, mais que par plusieurs endroits des sermons il suppose avoir été telle), J.-J. Weiss ait cru devoir opposer à la manière de Bourdaloue celle de Bossuet pour qui il se montre injuste. Quand donc saura-t-on louer un grand homme sans lui immoler ceux qu'on lui compare, dès qu'ils ont agi autrement que lui? « Bourdaloue, dit Weiss, n'avait pas, comme Bossuet, la passion de la controverse; il ne ressentait ni le besoin de haïr, ni l'âpreté d'orgueil théologique qui produit les persécuteurs. » Il y avait mieux à dire, & il fallait être juste à l'égard de Bossuet comme envers Bourdaloue. Cf. mon étude *De munere pastorali Bossuet*, p. 46, note 2.

mons par bien des prédicateurs plus contentieux que Bourdaloue. D'autre part, la trouver sous la plume ou dans la bouche d'un prêtre ne suffit pas à indiquer en lui une passion de controverse; un catholique pouvait & peut encore protester par ce langage contre la légitimité & le monopole de ce nom de Réforme, sans manifester de haine « théologique » contre ceux qui s'en paraient. Il est plus légitime de mettre en relief la justice que sait rendre à ses adversaires un orateur qui propose en modèle aux auditeurs catholiques la charité des protestants. Feugère, lui aussi, note ces détails dont il tire bon parti pour peindre l'attitude de Bourdaloue vis-à-vis du protestantisme[1].

Mais les passages où Bourdaloue oppose les qualités des protestants aux torts qu'il veut combattre dans ses auditeurs ne nous peuvent guère renseigner sur la mission de Montpellier, si tant est qu'ils s'y rapportent. L'*Exhortation sur la charité envers les nouveaux catholiques*, de laquelle est tiré l'un des plus saillants[2], a été certainement prononcée à Paris. Quant à l'*Instruction sur l'humilité de la foy*, qui est une lettre écrite à une personne « qui avoit de la peine à se soumettre aux décisions de l'Eglise », les phrases qu'on en tire comme preuve que Bourdaloue rend justice aux hérétiques sont singulièrement infirmées par le contexte & par la thèse générale développée dans cette lettre; l'objet de l'auteur est, en effet, de montrer, par l'exemple des hérétiques dont il fait un portrait peu flatté, les dangers d'une insuffisante soumission d'esprit en matière de foi. Toutes les concessions que l'on

1. Feugère, p. 201. « Ajoutons, écrit-il, que Bourdaloue n'est point de ces apologistes excessifs qui ne voient dans leurs adversaires que crimes & qu'iniquités, & qui leur refusent le droit de n'être point des scélérats. Bien loin de méconnaître que beaucoup d'hérétiques méritent le nom d'honnêtes gens, il exalte quelquefois leur vertu pour faire honte aux catholiques de n'en point montrer autant... » Rappelons aussi le témoignage de Burnet en 1689.

2. T. XII, p. 111. « En effet, la pauvreté, parmi nos heretiques, n'estoit ni negligée ni delaissée. Il y avoit entre eux, non seulement de la charité, mais de la police & de la religion dans la pratique de la charité... Soyons de bonne foy, & ne leur refusons point la justice qui leur est due... »

cite, en les détachant : « Ils ont eû l'érudition & la science; ils ont eû la finesse... ils ont esté charitables..., &c. », sont reprises ensuite, & la rigueur du blâme empêche de citer ce passage comme un de ceux où Bourdaloue rend hommage aux qualités de ceux qu'il combat :

Avec toute leur science, dit-il, ils se sont évanouis dans leurs pensées. Leur... finesse d'esprit n'a servi qu'à les rendre plus artificieux... Leur... morale severe (n'a esté) qu'apparence fastueuse, & leur sainteté qu'hypocrisie[1].

Enfin, le troisième point du sermon *sur la Trinité*, qui fait allusion de nouveau à l'union des protestants entre eux, ne cite guère le fait sans graves restrictions qui ne permettent pas d'attribuer ce passage à l'époque de Montpellier. Par le sujet d'ailleurs, le sermon appartient à une autre saison que le temps du séjour de Bourdaloue dans le Languedoc :

Comme la différence de religion a toujours esté pour ainsi dire le glaive de division parmi les hommes... aussi de tout temps a-t-on considéré l'unité de religion comme le plus sacré nœud de l'amitié. Il n'est pas jusques à nos heretiques qui ne le pensent de la sorte. Dès là qu'ils font secte & qu'ils composent une Eglise prétendüe (*le mot y est donc, quoi qu'en ait dit Weiss*) ils commencent à s'entr'aider. Vous en estes temoins, mes chers Auditeurs, & vous sçavez comment ils sont unis ensemble, comment ils prennent les intérêts les uns des autres, comment ils se prestent secours dans leurs besoins, comment leurs pauvres sont assistez, comment ils visitent leurs malades : qui fait cela? ce n'est pas l'unité de la foy, puisque hors de l'Eglise ils ne peuvent avoir la foy. Quoi donc? l'unité d'erreur, l'unité de mensonge, l'unité de schisme. Ce petit troupeau où ils sont tous ramassez, voilà ce qui les lie, voilà ce qui arreste leurs querelles... Quelle honte que l'unité de la foy où nous vivons fasse moins sur nous que ne fait sur eux l'unité d'une fausse réforme[2]?

Mais fût-il assuré que les divers endroits des sermons où le protestantisme est en cause doivent être rattachés à la mission

1. T. XIII, p. 399.
2. T. V, p. 357. On voit que Feugère avait dû négliger de contrôler dans leur contexte les passages qu'il allègue p. 202, & que l'affirmation de Weiss est sujette à caution.

de Montpellier, nous n'aurions point pour cela beaucoup de dates exactes. La chronologie de ce carême est, en effet, ce qui nous manque le plus[1]. N'est-ce pas un rêve d'assigner aux diverses « journées liturgiques » qui composèrent ce carême, commençant au 27 février, les sujets que put traiter le prédicateur? Evidemment, nous le savons par les habitudes connues de Bourdaloue & par l'exemple du sermon des Cendres, c'étaient des sermons déjà prêchés que devait reprendre l'orateur; mais comment en conclure que des titres, même indiqués formellement par des relations, nous puissent conduire sûrement à retrouver le texte prononcé à Montpellier à telle date?

On doit donc se demander sur quelle base repose cette double note, recueillie dans les papiers de Rochebilière au carême de Montpellier :

30 mars 1686. — On assure que M. de Montpellier (Charles de Pradel) a écrit au P. Bourdaloue d'une manière peu avantageuse[2].

Avril 1686. — Sermon du P. Bourdaloue sur la Madeleine[3].

Je n'ai point grande confiance au renseignement qui signale au 30 mars (c'était le samedi, veille du cinquième dimanche) une lettre de l'évêque de Montpellier, désobligeante pour le prédicateur. Il faudrait des documents plus précis, & ils ne s'accordent pas de tout point avec le fragment suivant en date du **13 mars (mercredi après le second dimanche)**, prêtant à Bourdaloue de grands succès.

Le P. Bourdaloue fait de grands fruits à Montpellier, où il presche le carême (13 mars 1686)[4].

1. 4 mars. — « On députe des Messieurs (du chapitre) pour voir l'argent que le Bedeau & le Campanier reçoivent pour les chaises qu'ils fournissent pendant la prédication. » (Communication du P. Cros.)

2. Mss. de la Bibl. nat., fonds français, n° 23498. Donné par le P. Le Lasseur. (R.)

3. *Panégyrique*, t. II, p. 1, édit. originale. Lundi de la semaine sainte, t. III, p. 241, édit. originale. Jeudi de la cinquième semaine de carême, t. III, p. 120, édit. originale.

4. *Lettres historiques & anecdotiques*, 1682-1687. Bibl. nat., mss. français, n° 10265, in-f°. (R.)

Rochebilière semble se prononcer pour le sermon du jeudi de la cinquième semaine *sur la conversion de Magdelaine*, ce qui, à supposer très gratuitement que le discours fût prononcé au jour liturgique où le place l'édition, supposerait la date du 4 avril. On me concédera qu'elle est trop incertaine pour pouvoir être proposée sur des indices aussi fragiles.

Toutefois, outre le document des archives de l'Oratoire, ces bruits défavorables pourraient bien indiquer que tous n'étaient pas peut-être aussi satisfaits de l'orateur, & que les esprits étaient partagés sur son compte. Au moins dut-il y avoir quelque déception, si l'on peut donner ce sens à la lettre que suppose la réponse de Mme de Sévigné au président Moulceau [1]. Toute rassurée qu'elle semble se dire sur le succès de Bourdaloue & sur sa faveur près de son correspondant, la marquise, dans une sorte d'apologie, réfute les objections, sinon des plaintes, sur la longueur sans doute des sermons de l'orateur. Elle paraît plaider les circonstances atténuantes de l'« augmentation considérable » que les morceaux « cousus par le sujet des nouveaux frères » faisaient dans les discours entendus & déjà goûtés à Paris.

A Paris, le 3e avril 1686.

..... Pour le P. Bourdaloue, ce seroit mauvais signe pour Montpellier s'il n'y étoit pas admiré, après l'avoir été à la cour & à Paris d'une manière si sincère & si vraie. Je comprends que ces endroits cousus par le sujet des nouveaux frères à la beauté ordinaire de ses sermons font une augmentation considérable. C'est par ces sortes d'endroits tout pleins de zèle & d'éloquence qu'il enlève & qu'il transporte ; il m'a souvent ôté la respiration par l'extrême attention avec laquelle on est pendu à la force & à la justesse de ses discours, & je ne respirois que quand il lui plaisoit de finir pour en recommencer un autre de la même beauté. Enfin, Monsieur, je suis assurée que vous savez ce que je veux dire, & que vous êtes aussi charmé de l'esprit, de la bonté, de l'agrément & de la facilité du P. Bourdaloue dans la vie civile & commune que charmé & enchanté de ses sermons. Je crois que vous saurez bien vous démêler de l'embarras de cette grande fête (*La fête de Pâques* 14 *avril en* 1686), qui pourroit causer tant de sacrilèges, si par

1. *Lettres de Mme de Sévigné* (au président de Moulceau), édit. Hachette, VII (489 & 494).

une adresse & une habileté chrétienne & politique, vous ne preniez d'autres chemins que ceux de la violence... Dites-nous quelquefois de vos nouvelles; & si vous voulez assurer le P. Bourdaloue de mes sincères respects, & M. de la Trousse (*le marquis de la Trousse commandait les troupes*) de ma fidèle amitié, vous ferez plaisir à votre très humble servante...

A mon avis, l'excès du raisonnement trop continu & prolongé, peut-être aussi l'absence d'ornements & de couleur comme en devait attendre & aimer encore la province, dut déconcerter plus d'un auditeur. Sans doute, comme on l'a ingénieusement supposé [1], le correspondant de Mme de Sévigné s'était fait l'écho discret de cet étonnement, & ce serait à ses critiques que la marquise essaierait de donner satisfaction. Les sortes d'« endroits pleins de zèle... » par lesquels l'orateur avair « souvent ôté la respiration » de son admiratrice, pendue « à la force & à la justesse de ses discours », ne seraient-ils pas les tirades ou mieux les interminables séries d'arguments où la logique passionnée de Bourdaloue, comme l'éloquence plus libre de Bossuet, « livrait un combat à outrance avec son auditoire [2] », au risque de lasser ou de décevoir ceux qui

1. Lauras, t. II, p. 343.

2. Il faut avouer que ce mot ne se rencontre point dans les lettres de la marquise. Feugère, qui le cite (p. 151), n'indique point de source & se contente de dire : « C'est encore à Mme de Sévigné, juge exquis, malgré des préférences quelquefois exclusives, qu'on attribue ce mot : « M. Bossuet se bat à outrance avec son auditoire ; tous ses sermons « sont des combats à mort. » Les réflexions qu'ajoute le savant critique sont très justes; mais dans le parallèle qu'il y joint pour faire ressortir la différence de méthode des deux lutteurs, il a peut-être tort de trop insister sur cette phrase : « Comme lui (comme Condé), il (Bossuet) trouble, il étourdit, il culbute l'adversaire : ce sont de grands coups qui étonnent. Personne au dix-septième siècle n'était mieux fait que Bossuet pour comprendre, pour admirer & pour louer dignement Condé. » Il ne faut pas oublier, en effet, l'espèce de mécontentement inspiré au temps de l'oraison funèbre de Condé par les contemporains presque fâchés que Turenne y ait été trop compris & admiré. On sait par les lettres de Mme de Sévigné l'histoire du parallèle, qui faisait dire à Bussy, écrivant de loin & sur des rapports qui reflètent l'opinion : « Comme j'ai ouï parler de l'oraison funèbre qu'a faite M. de Meaux, elle n'a fait honneur ni au mort, ni à l'orateur. On m'a mandé que le

espéraient du prédicateur une éloquence fleurie ou imagée.

Ce plaidoyer ému de Mme de Sévigné, si prévenue qu'on la suppose en faveur de Bourdaloue, ne doit pas être dédaigné pour la parfaite intelligence de sa manière oratoire. La phrase qui nous montre la marquise « suspendue aux discours » ou raisonnements du prédicateur mérite surtout d'être soulignée. Sans doute on peut trouver que peut-être la « tension ex-

comte de Gramont, revenant de Notre-Dame, dit au roi qu'il venoit de l'oraison funèbre de M. de Turenne. » (Sévigné, t. VIII, p. 33.) Mme de Sévigné disait elle-même : « Le parallèle de Monsieur le Prince & de M. de Turenne est un peu violent... » Enfin, Corbinelli mande à Bussy : « Le parallèle... n'est pas de votre goût, à ce que j'ai vu dans votre lettre; il n'est pas non plus de celui des connoisseurs de ce pays-ci; & je pris l'autre jour la liberté de dire à Monsieur de Meaux qu'il auroit pu ne pas le pousser jusques à la comparaison de leur mort. » A quoi l'exilé de Chaseu répond : « Ce que vous avez dit à Monsieur de Meaux pourra peut-être l'empêcher une autre fois de s'entêter de son ouvrage. »

Notre sujet n'est point d'expliquer ni de justifier le parallèle, même en rappelant que la disgrâce de Bouillon, amenée par leur vanité à se mettre au-dessus des autres familles, peut fort bien être pour quelque chose dans ce mécontentement de commande. Pour rester dans la question Bourdaloue, je ferai seulement une réserve sur ce parallèle entre la méthode des marches savantes de Turenne & celle de notre orateur. Mieux que personne, Feugère a analysé les procédés de Bourdaloue. Outre ce qu'il y a d'un peu forcé dans le « procédé » des parallèles, il faut toutefois reconnaître que cette page de son livre n'est point des plus justes. Le grand tort est surtout d'y comparer des orateurs qui ne sont pas du même ordre. Je ne crois pas que le parallèle en règle se puisse établir entre Bossuet & Bourdaloue, sans refuser quelque chose à tous deux. Pour n'être pas injuste envers l'un & l'autre, c'est à part & chacun selon le point de vue qui lui est propre qu'il les faut considérer. On risquerait, comme pour Condé, de donner trop à l'heureux génie de Bossuet, réservant pour ainsi dire à Bourdaloue la savante ordonnance, ce qui est faux. L'ordre statique & l'ordre dynamique s'opposent, mais ne se comparent pas; & il en serait ainsi du style, de l'action, des conditions différentes des deux orateurs. C'est donc à dessein & pour d'excellents motifs que je ne crois pas possible la comparaison entre Bossuet & Bourdaloue, ne faisant nulle difficulté d'avouer que le premier me semble l'emporter à bien des égards, mais sûr aussi qu'un parallèle en forme — genre heureusement démodé — lui ferait perdre quelque chose, comme à Bourdaloue.

cessive » que semble indiquer cet éloge se peut tourner en demi-critique. Mais il est légitime aussi d'y faire remarquer une puissance oratoire non commune. Rien, semble-t-il, n'en montre plus vivement la valeur qu'une page des souvenirs de Wiseman, racontant l'impression produite par un orateur italien du commencement de ce siècle, le P. Pacifico Deani[1].

« Je me sentis comme effrayé, raconte-t-il, par le silence que seule peut produire la respiration contenue d'une multitude, quand quelque passage d'une beauté peu ordinaire & d'une force empoignante fait suspendre chez l'auditeur, autant qu'il est possible, les fonctions de la vie... Et à peine moins impressionnant est le soupir de soulagement, qui s'exhale en un universel murmure, en une seule & profonde respiration qui s'échappe de toutes les poitrines oppressées & dont la rumeur grandissante constitue un applaudissement plus expressif que le battement de deux fois autant de mains[2]. »

La date de la lettre de Mme de Sévigné ne laisse guère supposer qu'elle porte seulement sur un sermon en particulier : elle doit concerner l'ensemble du carême, sans doute bien près de finir quand cette lettre parvint à Montpellier. Bourdaloue ne séjourna guère dans cette ville au delà de la clôture de sa mission, puisque son départ eut lieu le samedi qui suivit Pâques. En voici la preuve dans une lettre datée du 19 écrite par Bâville au contrôleur général Le Peletier :

1. Le P. Pacifico, fils d'un paysan italien, fut remarqué par un religieux qui l'entendit prêcher à un groupe d'enfants pauvres de son âge. On constata qu'après avoir entendu une fois un sermon, il était en état de le répéter à peu près mot pour mot. Il fit ses études & fut un des prédicateurs les plus éloquents de son temps. Il avait l'habitude de dicter ses sermons à un secrétaire & de les prêcher ensuite sans les avoir relus. Il les relisait seulement quand il voulait les prêcher de nouveau après quelques années. (*Souvenirs*, p. 150.) Evidemment, d'après ces renseignements, le P. Pacifico n'a pas le même tempérament oratoire que Bourdaloue; cependant, ce que le cardinal Wiseman a dit de lui éclaire ce qu'écrivait de Bourdaloue la marquise de Sévigné.

2. Wilfrid Ward, *Le Cardinal Wiseman, sa vie & son temps*, trad. par l'abbé Joseph Cardon, t. I, p. 47. Paris, Lecoffre, 2 vol. in-12; 1900.

M. de Baville, intendant en Languedoc, au Controleur général :

19 avril 1686.

Mémoire sur la manière dont se distribuent les aumônes envoyées par le Roi pour les nouveaux convertis.

« Le P. Bourdaloue part demain pour s'en retourner à Paris, après avoir eu icy tout le succès que l'on pouvoit espérer. Il a ému toute la ville & a très bien-disposé la plupart des nouveaux convertis, qui se sont approchés des sacrements à Pasques; mais, quoyqu'il ait beaucoup travaillé, il reste encore bien des choses à faire pour achever ce grand ouvrage icy & dans tout le Languedoc[1]. »

Nous connaissons donc le terme de ce séjour à Montpellier, dont la date initiale fut, nous l'avons vu, le 17 février.

Le P. Lauras a signalé parmi les sermons imprimés celui de la Sexagésime, *sur la parole de Dieu*, comme ayant été prêché devant un auditoire de nouveaux convertis, & par suite probablement à Montpellier, mais il doute, avec raison, que ce soit au jour liturgique indiqué dans l'édition. En effet, le dimanche de la Sexagésime, en 1686, coïncide avec le jour même de l'arrivée du prédicateur, & l'on ne peut guère supposer qu'au sortir même du carrosse qui l'amenait, il ait ainsi ouvert, par ce sermon, le carême qu'il avait mission de donner dans cette ville. Ce serait donc là un des nombreux discours de cette station, dont on ne peut trouver que par conjecture la place ou l'emploi. Encore même faut-il être discret dans ces suppositions & ne pas admettre comme certain que Bourdaloue ne s'adressa, par la controverse, ou par des apostrophes directes, aux convertis du protestantisme, que dans la seule ville de Montpellier. Ce fut un peu le tort de Lauras, quelque peu aussi celui de Feugère, de voir dans les passages relatifs au protestantisme des traces probables de la mission de 1686. Ainsi, le chapitre presque entier consacré par le P. Lauras à ce qu'il semble donner comme une analyse de ce carême de Montpellier serait à reviser avec soin. Il en faut probablement exclure & l'essai d'octave du Saint-Sacrement, & le ser-

1. *Correspondance des contrôleurs généraux des finances...* publiée d'après les documents conservés aux Archives nationales, par A. M. de Boislisle. Paris, imp. nationale, 1884, in-f°, t. I, p. 67.

mon sur la fête de saint Pierre, qui ne trouvent pas leur place à cette époque de l'année. Par contre, on peut relever, avec le P. Lauras, au même chapitre[1], un passage du second sermon *sur l'Annonciation* (elle tombait, en 1686, le lundi après le quatrième dimanche de carême), où l'apostrophe aux nouveaux réunis *peut* désigner un sermon de Montpellier, mais aussi avoir été faite à Paris. Il était loisible aux prédicateurs, après la révocation surtout, de paraître supposer dans leur auditoire des nouveaux catholiques dont la présence, fictive on non, leur offrait une occasion de répondre aux principales difficultés opposées par le protestantisme.

Voici le passage remarqué par Lauras :

Voilà, mes Freres, ce que nous croyons; & c'est sur ce dogme ainsi establi que sont fondez tous les honneurs que nous rendons à Marie : c'est, dis-je, sur sa maternité divine, qui dans l'ordre des decrets de Dieu l'a élevé au-dessus de tout ce qui n'est pas Dieu. Nous n'en faisons pas pour cela une divinité. Ecoutez cecy, vous qui, réunis à l'Eglise, avez besoin d'estre instruits à fond de sa doctrine, & achevez de vous detromper des fausses idées que vous aviez conceûës du culte de la Mere de Dieu[2]...

Il faut remarquer que ce sermon, dans Bretonneau, est donné comme prêché à la cour & devant le roi; & il n'est pas impossible que, même à la chapelle royale, ce mot aux nouveaux convertis ait été dit. Si l'on admet que le morceau date uniquement de Montpellier, il faut en déduire cette conclusion, que l'éditeur prenait dans les divers sermons de dates différentes de quoi composer une rédaction ; mais cette conséquence serait peu appuyée, car nous savons trop peu ce qui a ou n'a pas été dit par Bourdaloue. Un des documents dont le P. Lauras s'est servi pour reconstituer la physionomie de Montpellier à l'époque de Bourdaloue, savoir un rapport de Basville, conservé dans la correspondance de Bossuet, est aussi à écarter, comme un anachronisme. En effet, le fragment de mémoire cité[3] comme faisant connaître la « composition de l'auditoire

1. Lauras, t. II, p. 368 & suiv.
2. T. VI, p. 111.
3. Lauras, t. II, p. 342.

de Bourdaloue[1] » date de la fin de l'année 1700. Il est donc imprudent de chercher dans ce rapport l'état du catholicisme à Montpellier au moment du séjour qu'y fit quatorze ans auparavant notre orateur.

Il est probable que tous les fruits de conversion produits par la mission de 1686 ne furent pas publiés & que Bourdaloue ne s'était pas borné à instruire les nouveaux catholiques, mais avait aussi prêché la morale au point d'exiger quelques réformes[2]. Espérons que de plus amples renseignements locaux nous mettront à même de mieux connaître la période passée dans le Midi, du mois de février au mois d'avril 1686.

1. Lachat, t. XXVII, p. 121. « Ma dernière réflexion est que l'on doit certainement compter que tous les nouveaux convertis, qui sont dans cette province au nombre de plus de deux cent mille, se réduisent à trois espèces; la première de ceux qui sont sincèrement catholiques, dont le nombre n'est pas grand... »

2. J'ai recueilli, dans des *Nouvelles ecclésiastiques*, de source janséniste & d'un esprit particulièrement haineux, un passage qui fait évidemment allusion à quelque réforme de ce genre exigée sans doute par Bourdaloue, & qui peut-être ne tint pas après son départ. Il s'agit d'une demoiselle de Gévaudan, calomniée peut-être, mais dont la réputation paraît mise en doute dans cette correspondance assez venimeuse. Les allusions resteront peut-être obscures, à moins que des recherches locales ne réussissent à préciser les faits; mais dans l'état actuel où se présente le document sujet à caution, on peut supposer que la personne ici mise en cause fut une des auditrices de Bourdaloue. Il faut lire, ou mieux supposer, Castries au lieu de Castres. Le P. Lauras (p. 338) signale la marquise de Castries, sœur du cardinal de Bonzi; comme la nièce du cardinal est ici nommée Mlle de Castres, mais c'est la même. Sous la date de juillet 1688 (fr. n. a. 1732, p. 28) on lit : « ... Les deux cardinaux (de Bouillon & de Bonsi) se sont separez sans aucune marque de leur ancienne amitié. Celuy de Bouillon fut bien inuité à la noce de la nièce du cardinal de Bonsi, mais il ne s'y trouua pas. Trois éueques y assisterent, contre l'assemblée des quels les bons Peres ne fairont pas tant de bruit que contre de moindres, plus ecclésiastiques. Il s'y passa une chose mémorable. M. de Montpellier, aprez auoir fait une petite exhortation sur les deuoirs du mariage aux deux futurs époux, demande à Mlle de Castres si elle ne consentoit point à épouser le marquis de Gants, elle se leua en pleurant & alla consulter ou prendre la permission de son oncle le cardinal de Bonsi. Il luy dit ce qu'il luy plut pour dire ouy & ensuite luy donna une couronne de fleurs, luy disant de prier une demoyselle qui fût vierge de luy mettre

Le P. Lauras assigne au **jour de Pâques, 14 avril**, la clôture du carême, & c'est assez probable, étant donnée la délibération du chapitre, tenue le 16 avril suivant :

Le chapitre a député MM. de Crouzet, Largier, vic.-gén., & MM. les Syndics, pour visiter le R. P. Bourdalou (*sic*), jésuite, qui a prêché à la cathédrale le carême dernier; qui doit bientôt partir pour Paris[1].

sur la tete cet ornement uirginal. La demoiselle sans hesiter la présenta à Mlle de Geuaudan, qui la reçut fort bien & la luy mit sur la tete pendant la ceremonie du mariage. Aussy, depuis ce jugement canonique & cette purgation plus commode que les anciennes par le feu & par l'eau, la demoiselle ne bouge plus de son ancienne cour, soit à Villemagne, soit à Montpellier. Son palais se continue, mais sous un autre nom que le sien; mais on convertit les dorures & les rares peintures projetées, en ocre & en circure (*sic*). Vous voyez qu'il fait bon d'avoir des amis en cour & que ce que l'on avoit dit contre les auis du pere Bourdaloue étoit une pure fausseté. »

1. Communication du P. Cros. Il y a un désaccord entre le texte de la délibération du chapitre tel que le présente le P. Lauras (t. II, p. 373) & la transcription ci-dessus. Une divergence de dates, — le P. Lauras indique le samedi saint 13 avril, — ne ferait pas grande difficulté, si l'on imagine que le 13 fut le jour où fut décidé en chapitre l'envoi de la députation, qui probablement ne s'acquitta pas de cette démarche avant que le prédicateur eût donné son dernier sermon. Les différences des noms sont plus à remarquer : le texte du P. Lauras porte « députa MM. Trouzet, abbé de Franquevaux, Ouvrier & Laugier, vicaires généraux, & MM. les Syndics... » Je me demande si le second des deux noms ne désignerait pas simplement la qualité de marguillier; il est fort possible que *ouvrier* ait ici cette signification. La différence des deux textes m'avait conduit à le soupçonner, & je rapprochais cette possibilité du mot *œuvre* (demeuré dans banc d'œuvre) & très usité alors pour signifier le corps de la fabrique de l'église, la fabrique elle-même en ses divers sens; témoin le document sur Saint-Sulpice cité plus haut à l'occasion du carême de 1678 où on lit : « ... sans pouvoir prétendre autre chose de l'œuvre » (pris évidemment ici au sens de fabrique puisque ce sont des marguilliers qui stipulent cette convention). Mes soupçons ont été confirmés par une communication de M. F. Castets, qui, parlant de ses recherches sur Bourdaloue à Montpellier, écrit : « Par exemple, trouvant le mot : « ouvrier », je traduirai, au lieu d'inventer un M. Ouvrier qui n'a jamais existé : cela veut di e « marguillier ». (Lettre du 29 avril 1901.) Sans nul doute, il s'agit de la pièce que le P. Lauras, après d'autres peut-être, a mal comprise, & de ce nom d'ouvrier au sens de marguil-

Toutefois, la date du 20, que nous savons être celle du départ, laisse place pour des sermons postérieurs à celui du jour de Pâques, & peut-être, comme en plus d'une station analogue, le carême comporta-t-il un dernier discours le mardi après la Résurrection.

J'ai émis l'hypothèse, assez gratuite, d'un passage à Bourges au retour de la mission de Montpellier; il faut avouer surtout que nous ne savons rien de ce voyage soit à l'aller, soit au retour, sinon que dans une de ses exhortations, que nous essayerons de dater après 1697, Bourdaloue fait allusion à cette année 1686 durant laquelle il eut occasion de traverser la France. Parlant du zèle des ouvriers apostoliques sortis du séminaire pour lequel il sollicitait la charité des fidèles :

> Je l'ay veû, dit-il, & j'en puis rendre témoignage. Honoré des ordres de nostre incomparable Monarque, & envoyé pour annoncer l'Evangile à des peuples éloignez, j'ay veû sur ma route de ces missionnaires & de ces dignes pasteurs du troupeau de Jésus-Christ. Mais avec quelle consolation les ai-je veûs? avec quelle admiration! j'en ay encore le souvenir vivement imprimé dans la mémoire & je ne le perdray jamais[1]...

Le voyage de Bourdaloue dut s'effectuer rapidement, & dès la fin d'avril il était, sinon de retour, du moins prochainement attendu, si l'on s'en peut rapporter à cette phrase d'une lettre écrite de Paris, le 29, par Mme de Sévigné au président de Moulceau, son correspondant de Montpellier :

lier. Bien qu'aucun dictionnaire ne signale cette acception, c'est l'*Encyclopédie* qui fournit la confirmation la plus sûre. Après la définition du mot marguillier, on lit : « Les marguilliers sont nommés en latin *matricularii*, *aeditui*, *operarii*, *administratores*, *hierophylaces*, & en françois, dans certains lieux, on les appelle *fabriciens*, *procureurs*, *luminiers*, *gagers*, &c. (*Encyclopédie*, éd. de Lausanne & Berne, 1780, t. XXI, p. 67.) N'est-il pas légitime de supposer que cet *et cetera* autorise la traduction *ouvrier* pour *operarii*, & que le document transcrit par le P. Lauras contient un nom propre « à traduire » en « marguillier? »

1. T. XII, p 150.

A Paris, lundi 29 avril 1686.

..... Tout ce qui est ici vous salue, & notre ami ne sait rien de cette lettre précipitée. Je parlerai bien de vous avec Bourdaloue [1]...

Là s'arrête ce que nous savons de la *Mission* de Bourdaloue dans le Midi.

1. *Lettres de Mme de Sévigné* (au président de Moulceau), éd. Hachette, VII, 501.

Toulouse, imprimerie Douladoure-Privat, rue Saint-Rome, 39. — 311

283

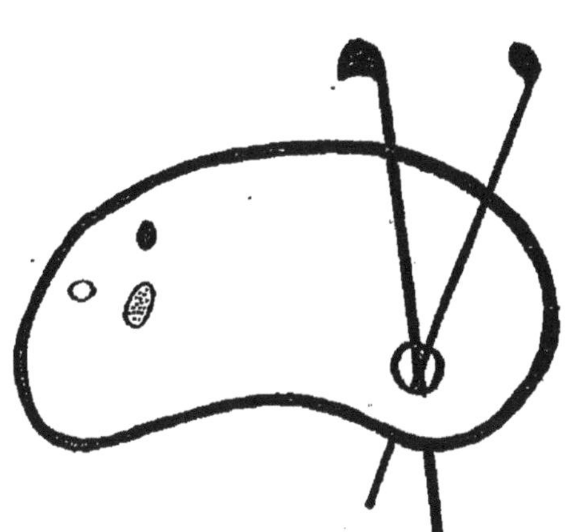

www.ingramcontent.com/pod-product-compliance
Ingram Content Group UK Ltd.
Pitfield, Milton Keynes, MK11 3LW, UK
UKHW021031200726
13857UKWH00004B/1699

9 782012 781405